Gwyddoniaeth Cyfnod Allweddol 1 Meistrgopïau

Trydydd Argraffiad

Jim Fitzsimmons

Rhona Whiteford

Argraffiad Cymraeg gan

Heulwen Jones
Coleg y Drindod
Caerfyrddin

Stanley Thornes (Publishers) Ltd

Do you receive *BLUEPRINTS NEWS*?

Blueprints is an expanding series of practical teacher's ideas books and photocopiable resources for use in primary schools. Books are available for separate infant and junior age ranges for every core and foundation subject, as well as for an ever widening range of other primary teaching needs. These include **Blueprints Primary English** books and **Blueprints Resource Banks**. **Blueprints** are carefully structured around the demands of the National Curriculum in England and Wales, but are used successfully by schools and teachers in Scotland, Northern Ireland and elsewhere.

Blueprints provide:
- *Total curriculum coverage*
- *Hundreds of practical ideas*
- *Books specifically for the age range you teach*
- *Flexible resources for the whole school or for individual teachers*
- *Excellent photocopiable sheets – ideal for assessment and children's work profiles*
- *Supreme value*

Books may be bought by credit card over the telephone and information obtained on **(01242) 577944**. Alternatively, photocopy and return this **FREEPOST** form to receive **Blueprints News**, our regular update on all new and existing titles. You may also like to add the name of a friend who would be interested in being on the mailing list.

Please add my name to the **BLUEPRINTS NEWS** mailing list.

Mr/Mrs/Miss/Ms _____

Home address _____

_____ Postcode _____

School address _____

_____ Postcode _____

Please also send **BLUEPRINTS NEWS** to:

Mr/Mrs/Miss/Ms _____

Address _____

_____ Postcode _____

To: Marketing Services Dept., Stanley Thornes Ltd, FREEPOST (GR 782), Cheltenham, GL50 1BR

First published in 1990 as Blueprints Science 5–7 Copymasters.
Reprinted 1991, 1992
Second edition published in 1992. Third edition published in 1995 by
Stanley Thornes (Publishers) Ltd
Ellenborough House
Wellington Street
CHELTENHAM GL50 1YD

Reprinted 1993 (twice), 1994

A catalogue record for this book is available from the British Library.

ISBN 0–7487–2274–2

Typeset by Tech-Set, Gateshead, Tyne and Wear
Printed in Great Britain

CYNNWYS

RHAGYMADRODD

Yn y llyfr hwn y mae yna 97 o feistrgopïau y gellir eu ffotocopio wedi'u cysylltu â nifer o'r gweithgareddau yn Llyfr Adnoddau yr Athro. Mae cyfarwyddiadau ar sut i ddefnyddio'r meistrgopïau yn y mannau priodol yn Llyfr Adnoddau yr Athro. Cyfeirir atynt gan rifau a'r symbol: ✎ yn Llyfr Adnoddau yr Athro. Mae'r meistrgopïau yn rhoi cyfle i'r plant gofnodi eu gweithgareddau a'u canlyniadau mewn ffordd drefnus, ac mewn rhai achosion yn cydgyfnerthu eu dysgu blaenorol. Pan fydd y plant wedi gorffen eu meistrgopïau gellid eu cadw yn eu ffeiliau, neu gellid ddefnyddio'r meistrgopïau fel enghreifftiau o waith y plant ar gyfer eu proffiliau.

Gallwch hefyd ddefnyddio'r meistrgopïau gorffenedig fel ffynhonnell asesu. Mae dwy daflen cofnodi yng nghefn y llyfr hwn lle gallwch nodi pa feistrgopïau mae'r plant wedi'u defnyddio, a'u profiad o'r gwaith sy'n cyfrannu at adrannau'r Rhaglen Astudio Gwyddoniaeth y Cwricwlwm Cenedlaethol.

Ar ben bob tudalen fe welwch symbolau sy'n esbonio sut mae'r dudalen honno yn cyfrannu at waith pwysig Targed Cyrhaeddiad 1: Gwyddoniaeth Arbrofol ac Ymchwiliol. Mae'r symbolau'n cael eu hesbonio'n llawn yn Llyfr Adnoddau yr Athro ond dangosir hwy yma hefyd er hwylustod.

Lefel 1

 Arsylwadaeth
 Trafodaeth
 Mesur
 Cofnodi
 Cyfathrebu
 Llunio tablau a siartiau
 Cymharu
 Iechyd a diogelwch
 Gofyn cwestiynnau

Lefel 2

 Arsylwadaeth
 Trafodaeth
 Mesur
 Cofnodi
 Cyfathrebu
 Llunio tablau a siartiau
 Gofyn cwestiynnau
 Cymharu
 Adnabod

 Dehongli darganfyddiadau
 Llunio damcaniaethau
 Dehongli a chyffredinoli
 Iechyd a diogelwch

Lefel 3

 Arsylwadaeth
 Trafodaeth
 Mesur
 Cofnodi
 Cyfathrebu
 Llunio tablau a siartiau
 Cymharu
 Adnabod
 Prawf teg/anheg

 Dehongli darganfyddiadau
 Dehongli a chyffredinoli
 Cefnogi'r rhagfynegiad
 Llunio damcaniaethau
 Iechyd a diogelwch

v

Fy hoff raglen teledu

Siarad â rhywun sy'n bell i ffwrdd

teipiadur

teleffon

teledu

chwaraewr recordiau

radio dwy-ffordd

bocs teleffon

Lliwiwch neu gylchwch y pethau y gallech ddefnyddio

Rwy'n gallu gweld erialau

Gallaf weld ☐ erial.

Trosglwyddo gwybodaeth gweledol

Ydy chi wedi gweld neu ddefnyddio rhain?

Rwy'n-gallu-gweld

	Teledu	Ydw	Nac ydw
	LLe		
	Dyddiad		

	Cyfrifiadur	Ydw	Nac ydw
	Lle		
	Dyddiad		

	Fideo	Ydw	Nac ydw
	Lle		
	Dyddiad		

	Teletestun	Ydw	Nac ydw
	Lle		
	Dyddiad		

Spectel
100 Newyddion
200 Chwaraeon
300 Y Ddinas
400 Brecwast
500 Teithio
600 Teledu a radio

	Golau rhybuddio ar y draffordd	Ydw	Nac ydw
	Lle		
	Dyddiad		

Trosglwyddo gwybodaeth clywedol

Ydy chi wedi gweld neu ddenfyddio rhain?

Ydy chi?

Radio	Ydw	Nac ydw
Lle		
Dyddiad		

Chwaraewr tâp	Ydw	Nac ydw
Lle		
Dyddiad		

Chwaraewr recordiau	Ydw	Nac ydw
Lle		
Dyddiad		

Chwaraewr CD	Ydw	Nac ydw
Lle		
Dyddiad		

Teleffon	Ydw	Nac ydw
Lle		
Dyddiad		

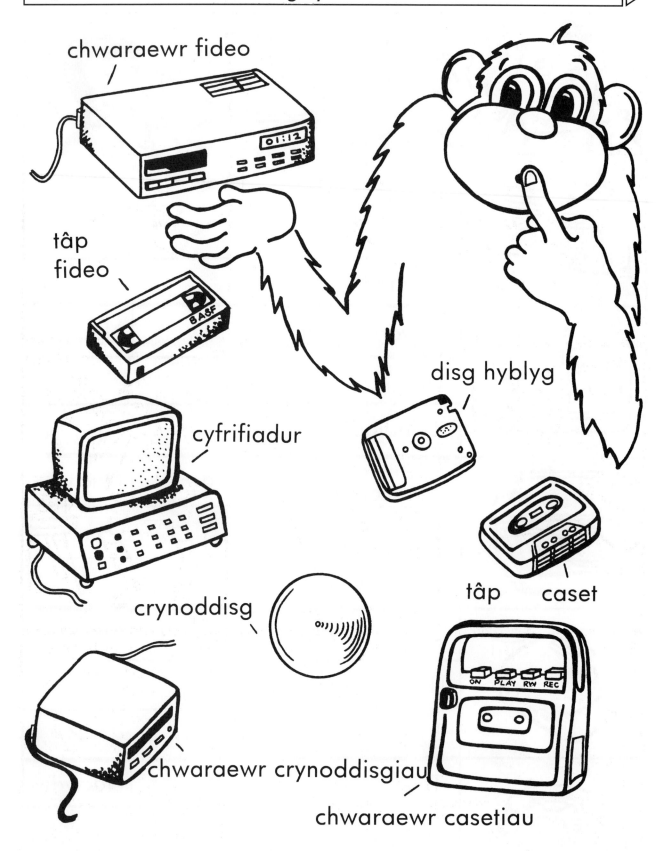

Storio gwybodaeth

chwaraewr fideo

tâp fideo

disg hyblyg

cyfrifiadur

tâp   caset

crynoddisg

chwaraewr crynoddisgiau

chwaraewr casetiau

Cysylltwch y peiriant â'r ddisg neu'r tâp priodol

Defnyddio peiriant recordio

Beth wisga i?

Diwrnod allan

Cofnod o'r tywydd

Dydd Llun			
Dydd Mawrth			
Dydd Mercher			
Dydd Iau			
Dydd Gwener			

niwl

Y tymhorau

Darluniwch eich hunan yn cael hwyl ym mhob tymor o'r flwyddyn.
Gwnewch yn siwr eich bod yn gwisgo'r dillad priodol.

Twym ac oer

Cloc y tymhorau

Beth fyddech chi'n gwisgo yn ystod y gwahanol dymhorau?

Ga_ _ _

Gw_ _ _ _ _ _

Ionawr

Rhagfyr

Chwefror

Tachwedd

Mawrth

Hydref -

- Ebrill

Medi

Mai

Awst

Mehefin

Gorffennaf

Hy_ _ _ _ _

Ha_

| Gaeaf | Gwanwyn | Haf | Hydref |

Cofnod o'r tywydd

	Dydd Sadwrn			
	Dydd Gwener			
	Dydd Iau			
	Dydd Mercher			
	Dydd Mawrth			
	Dydd Llun			
	Dydd Sul			

Cofnod o'r tywydd

Bore

Tymheredd

Prynhawn

Tymheredd

Beth am chwarae tu allan?

Darluniwch eich hunan yn chwarae tu allan yn y tymereddau yma.

Darluniwch yr arian byw ar y thermomedr.

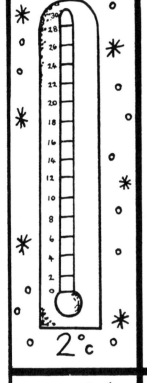

2°c

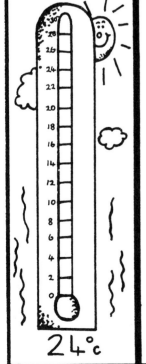

24°c

Byw ac anfyw

Amlinellwch set o'r lluniadau byw a lliwiwch nhw.

Pethau rwy'n gwneud gyda fy nghorff

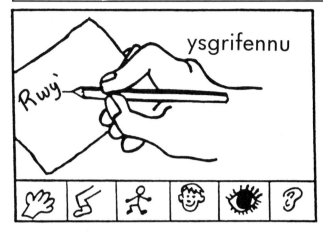

ysgrifennu

darllen

dawnsio

nofio

peintio

rhedeg

gwrando

gwylio

Mae angen bwyd ar bob peth byw

Cysylltwch yr anifail a'i fwyd.

Mae angen dŵr ar <u>bob</u> un.

Meistrgopi **18**

Enw _____

Dyddiadur

1. Dyddiad _____

2. Dyddiad _____

3. Dyddiad _____

4. Dyddiad _____

5. Dyddiad _____

6. Dyddiad _____

Fy niwrnod i

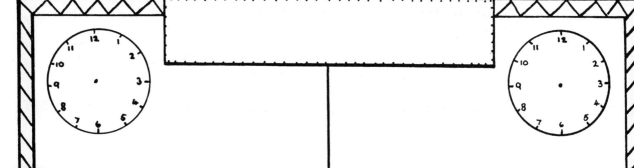

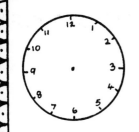

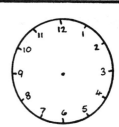

Yn y bore rydw i'n _____

Amser cinio rydw i'n _____

Yn y prynhawn rydw i'n _____

Ym min nos rydw i'n _____

Beth yw e?

Dyma

Ymborthiad	**Anadlu**
Symudiad	**Ymddygiad**

Cynefin

Allwch chi gysylltu'r teuluoedd?

c _ _ _ _ _	o _ _	t _ _ _

d _ _ _ _	e _ _ _	i _ _

c _ _	c _ _ _ _	h _ _ _

b _ _ _	ll _	m _ _ _

Ceffylau	Gwartheg	Ffowls	Defaid
march	tarw	ceiliog	hwrdd
caseg	buwch	iâr	dafad
ebol	llo	cyw	oen
coch	glas	melyn	gwyrdd

Mr Sbwriel

Lliwiwch y pethau ffeindioch chi.

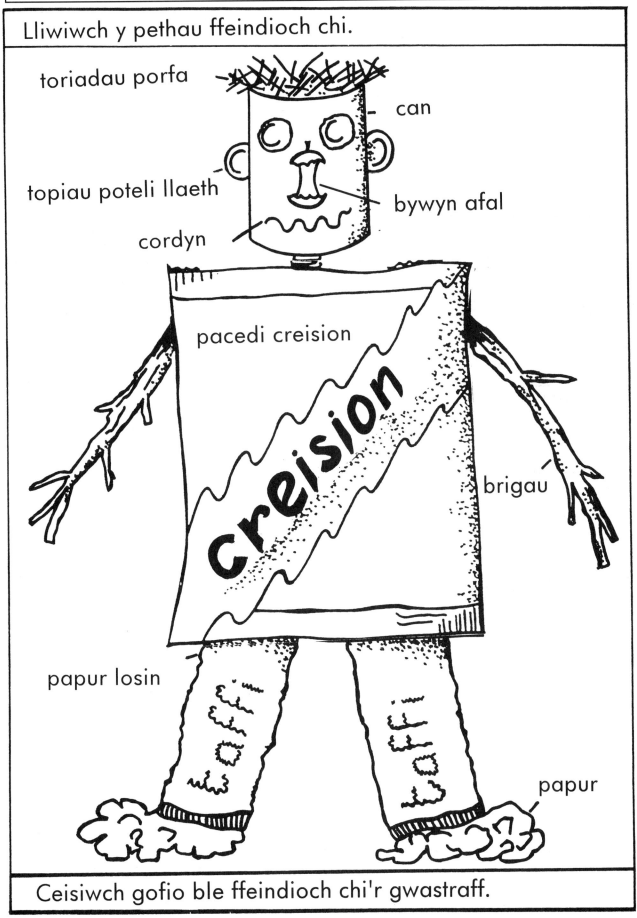

toriadau porfa

can

topiau poteli llaeth

bywyn afal

cordyn

pacedi creision

creision

brigau

papur losin

papur

Ceisiwch gofio ble ffeindioch chi'r gwastraff.

O ble ddaeth e?

Cysylltwch y lluniau

Ble mae e?

Amgylchynwch y gwastraff.

Casgliad o sbwriel

Defnyddiau naturiol

Defnyddiau wedi'u prosesu

Cymysgedd

Beth sy'n pydru?

Y defnydd a brofwyd

Cafodd y defnydd ei roi yn y llefydd yma.

Lle	Wythnos 1	Wythnos 2	Wythnos 3
Yn yr aer tu allan			
Yn yr aer tu fewn			
Mewn dŵr			
Yn y pridd			
Mewn tywod			
Mewn mawn gwlyb			

Enw _____

Corff enfys

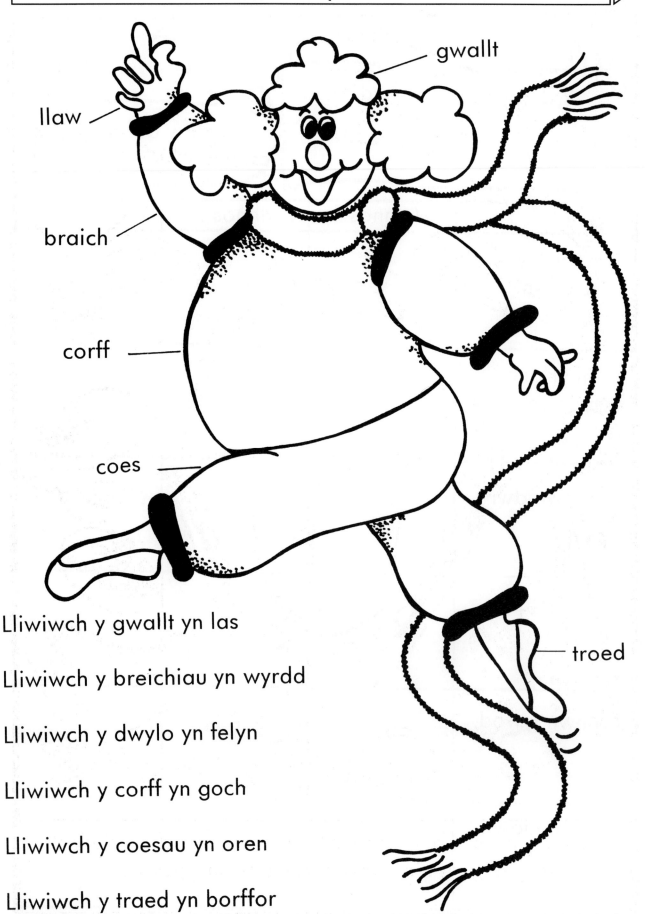

gwallt

llaw

braich

corff

coes

troed

Lliwiwch y gwallt yn las

Lliwiwch y breichiau yn wyrdd

Lliwiwch y dwylo yn felyn

Lliwiwch y corff yn goch

Lliwiwch y coesau yn oren

Lliwiwch y traed yn borffor

Yr ydym yr hyn a fwytawn

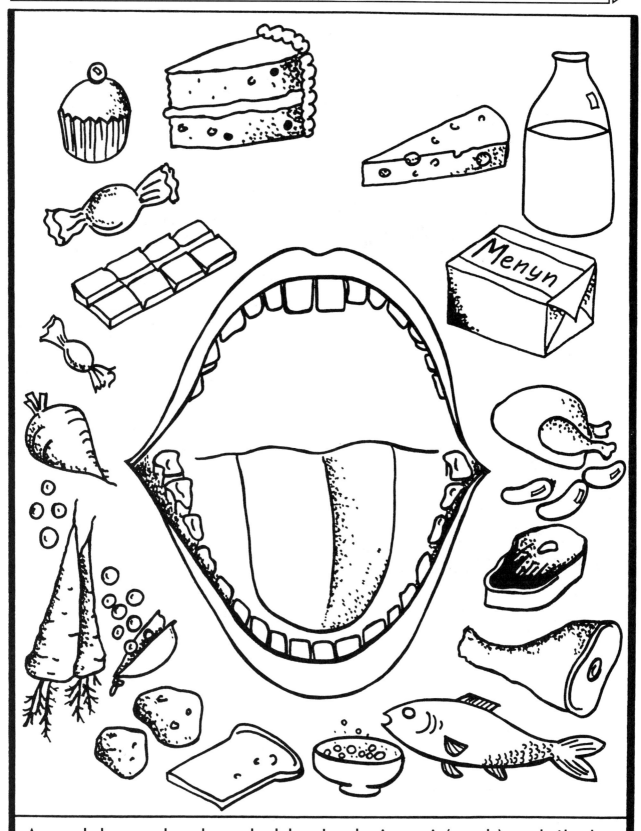

Amgylchynwch y bwydydd sy'n rhoi egni (coch), adeiladu ein cyrff (glas), yn ein cadw'n lân tu fewn (gwyrdd).

Y bwyd yr ydym yn ei fwyta

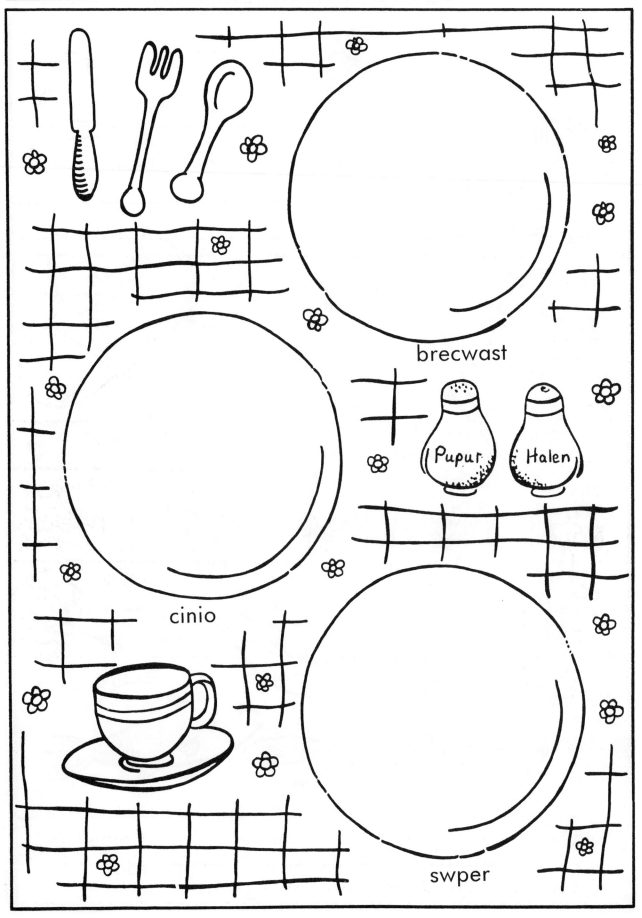

brecwast

Pupur Halen

cinio

swper

Gofalu am ein hunain

Enw'r person ?

Bwyd	Pa fwydydd ydych chi'n bwyta amser:
	brecwast _____
	cinio _____
	te _____
	swper _____
Cwsg	Pa amser ydych chi'n mynd i'r gwely? _____
	Pa amser ydych chi'n codi? _____
	Sawl awr ydych chi'n cysgu bob nos? awr
Ymarfer corff	Ticiwch os ydych yn gwneud rhain yn yr wythnos.

cerdded	rhedeg	sgipio	chwarae
beicio	sglefrio		nofio
chwarae pel-droed	marchogaeth		eraill

Glendid	Nifer o weithiau rwy'n ymolchi bob dydd
	Nifer o weithiau rwy'n glanhau fy nannedd bob dydd
	Nifer o tathiau mewn wythnos sebon
Rydw i yn dydw i ddim yn iach	

Anghenion planhigion

Ysgrifennwch beth ddigwyddodd

pridd, dim dŵr, dim golau	
pridd, dŵr, dim golau	
pridd, dŵr, golau	
dŵr, golau, dim pridd	

Planhigion

Copïwch enwau rhannau'r planhigyn.

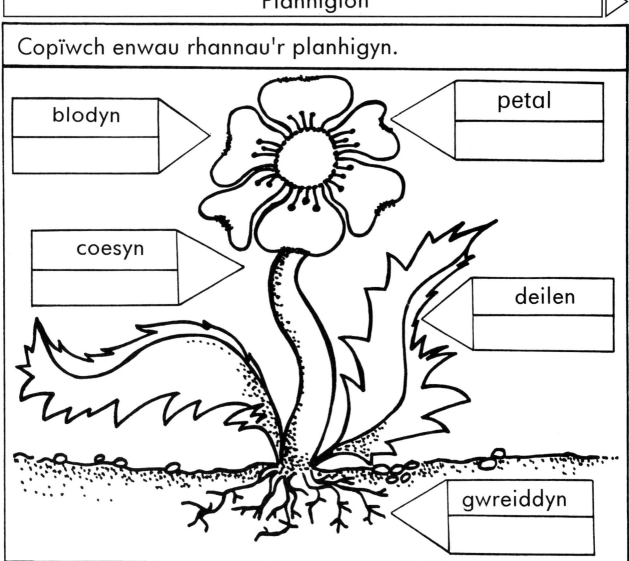

blodyn

petal

coesyn

deilen

gwreiddyn

Gorffennwch y llun.

Bachgen neu ferch?

Mae	yn ferch.

Mae	yn fachgen.

Wynebau

Dyma fi.

Pobl

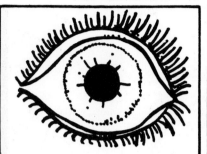

Mae fy llygaid yn

Mae fy ngwallt yn

Mae fy nghroen yn

Dyma fi.

Mae'r bobl yma yn byw gyda fi.

Enw _____

Pethau rydw i'n gallu gwneud yn dda ▷

Lliwiwch neu amgylchynwch
y gweithgareddau gallwch chi wneud.

Pethau amdanaf i

Enw	Oed	Rhyw

Lle cefais by ngeni

Taldra	cm	Pwysau	kg

Lliw llygaid _____

Lliw croen _____

Lliw gwallt _____

Maint esgidiau

Ffeithiau eraill

Elfennau graff

Gallaf wneud hyn

Rydw i'n _____ cm o daldra

Gallaf estyn i fyny i _____ cm.

Gallaf lamu i fyny i _____ cm.

Gallaf neidio _____ cm.

Gallaf sefyll ar un goes am

_____ munud a _____ eiliad.

Mynd am dro

Ar y siwrnai

gwelais

aroglais

clywais

teimlais

blasais

Beth sydd eu angen ar anifeiliaid

Dyma _____

| mamal | aderyn | pysgod | ymlusgiad | amffibiad | arall |

Beth mae'n hoffi

 gwres

 oerfel

 goleuni

 tywyllwch

Ble mae'n byw

 mynydd

 gwastadedd

 jyngl/coedwig

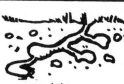 tanddaear

 tanddŵr

Pa fwyd mae'n hoffi

 planhigion

 anifeiliaid

 y ddau

Gyda phwy mae'n byw

 ar ei ben ei hun

 gyda'r teulu

 mewn gyr

 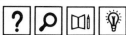

Gofalu am anifeiliaid anwes

Dyma fy anifail anwes _____

dŵr

ymborthiad

ymarfer

carthu

twtio

hyfforddiant a chwarae

Newidiadau

Ysgrifennwch a darluniwch beth ddigwyddodd

Cafodd yr eginblanhigion eu rhoi mewn ffwrn dwym.

Tymheredd   °C

Cafodd yr eginblanhigion eu rhoi ar ford yn yr ystafell ddosbarth.

Tymheredd   °C

Cafodd yr eginblanhigion eu rhoi mewn rhewgell dros nos.

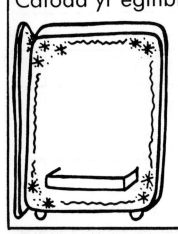

Tymheredd   °C

Ein cymdogaeth

Gweithgaredd dynol	Sut mae'r gweithgareddau yn effeithio'n cymdogaeth
Diwydiant	
Amaethyddiaeth	
Mwyngloddio	
Tai	
Parciau	
Traffyrdd	
Meysydd awyr	
Ceir	
Purfa olew/ gorsaf bŵer	
Cronfeydd dŵr	
Arall	

Enw _____

Defnyddiau a ddarganfyddais

Mae hwn yn llyfn

Mae hwn yn arw

Mae hwn yn galed

Mae hwn yn feddal

Mae hwn yn lwmpiog

Mae hwn yn teimlo fel sbwng

Mae hwn yn llithrig

Mae hwn yn ludiog

Gallaf wasgu hwn

Edrychwch ar siapiau

Cwblhewch y patrymau.

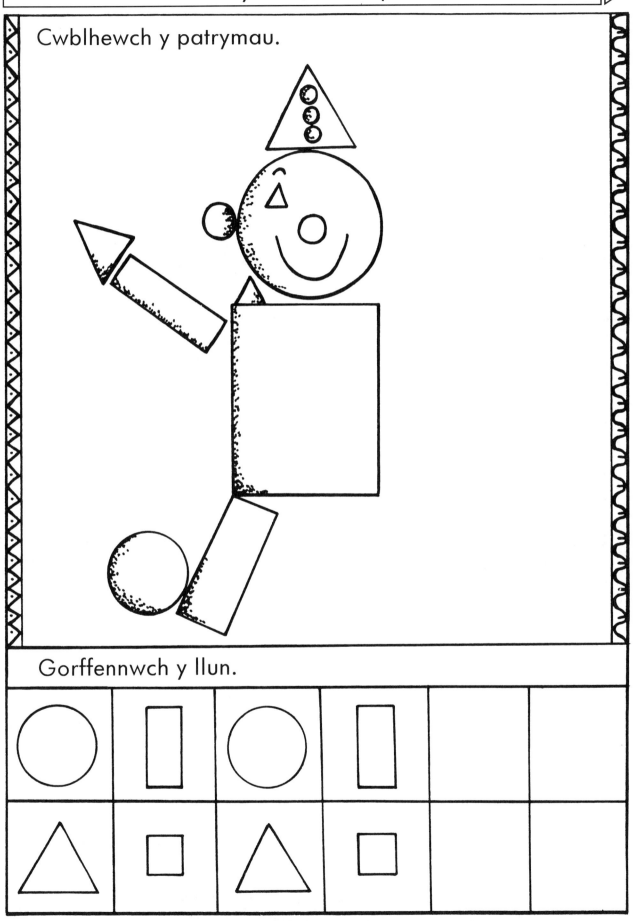

Gorffennwch y llun.

Lliwiau ffrwythau

Lliwiwch y ffrwythau.

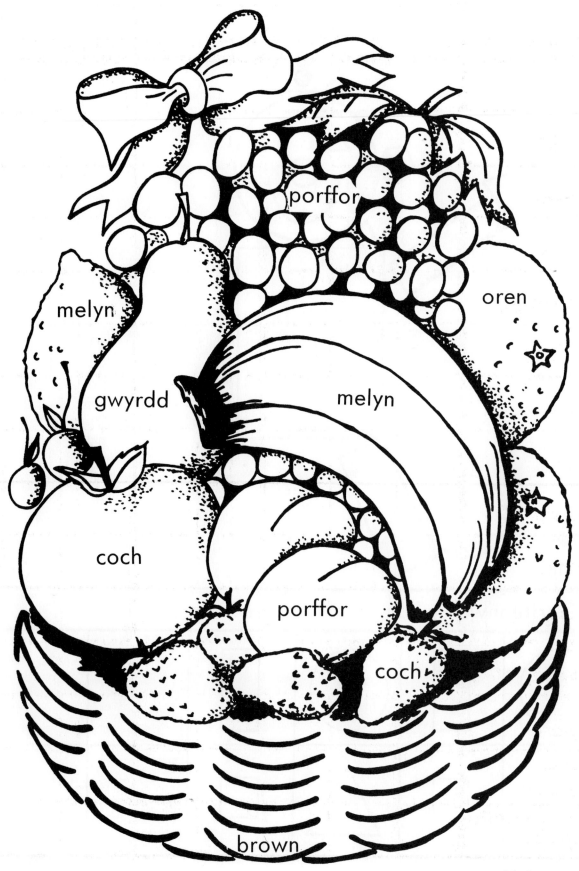

Edrych ar ddefnyddiau

Nodweddion	Dyma'r defnyddiau a astudiwyd						
	haearn	craig	gwydr	pren	papur	ffabrig	plastig
caled							
meddal							
garw							
llyfn							
anhyblyg							
hyblyg							
tryloyw							
pŵl							
gloyw							
tryleu							
didraidd							
siâp sefydlog							
hydrin							
gallu sboncio							
ddim yn gallu sboncio							

Cymharu defnyddiau

Gwahaniaethau	Tebygrwydd	Gwahaniaethau

Beth yw e?

Anifail

Mwynol

Llysieuol

Dosbarthwch rhain i dri set.

Grwpio defnyddiau

Ffenest	To
1. _____	1. _____
2. _____	2. _____
3. _____	3. _____

Drws	Wal
1. _____	1. _____
2. _____	2. _____
3. _____	3. _____

Hindreuliad

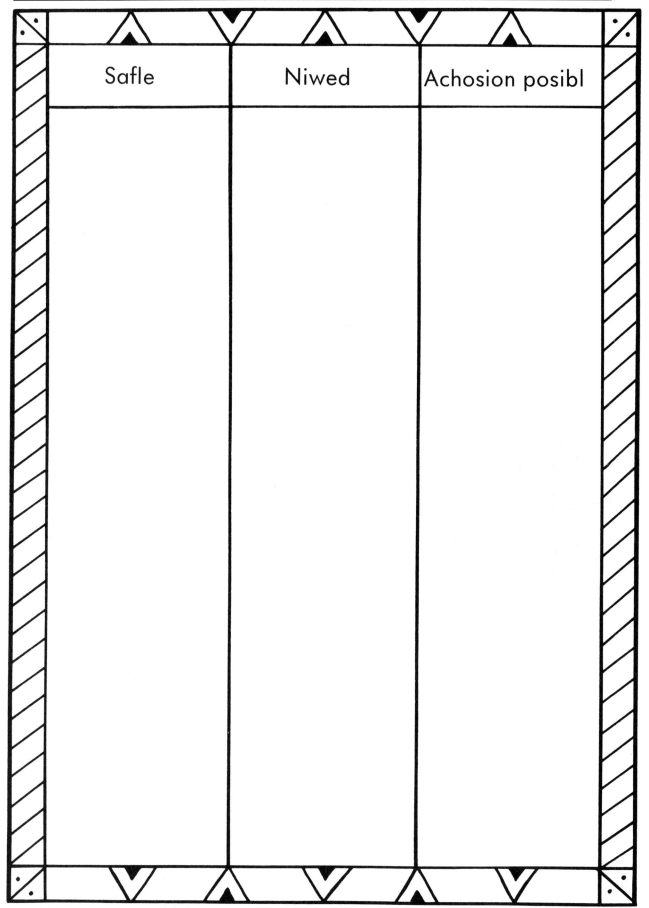

Safle	Niwed	Achosion posibl

Newidiadau

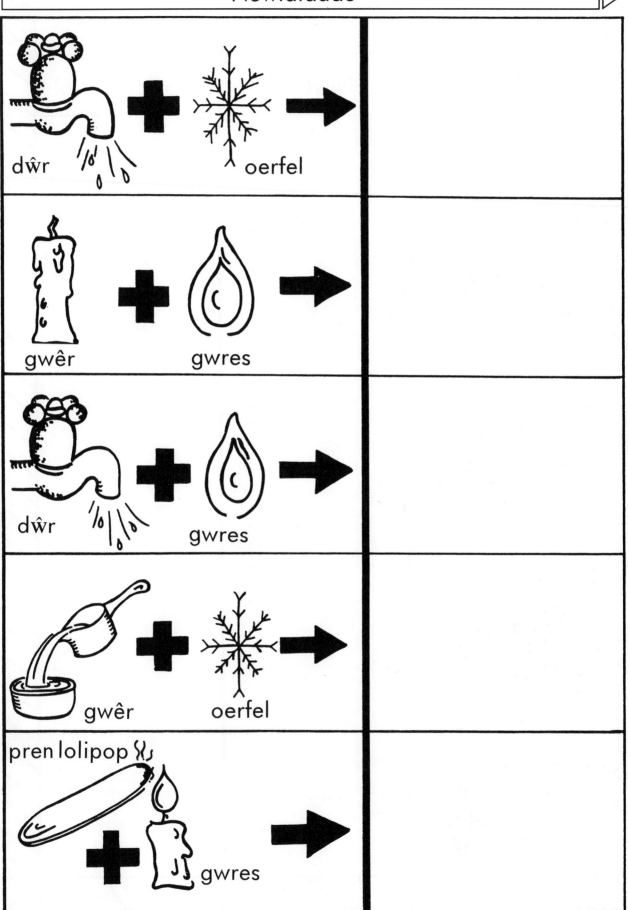

dŵr + oerfel →

gwêr + gwres →

dŵr + gwres →

gwêr + oerfel →

pren lolipop + gwres →

Newidiadau parhaol

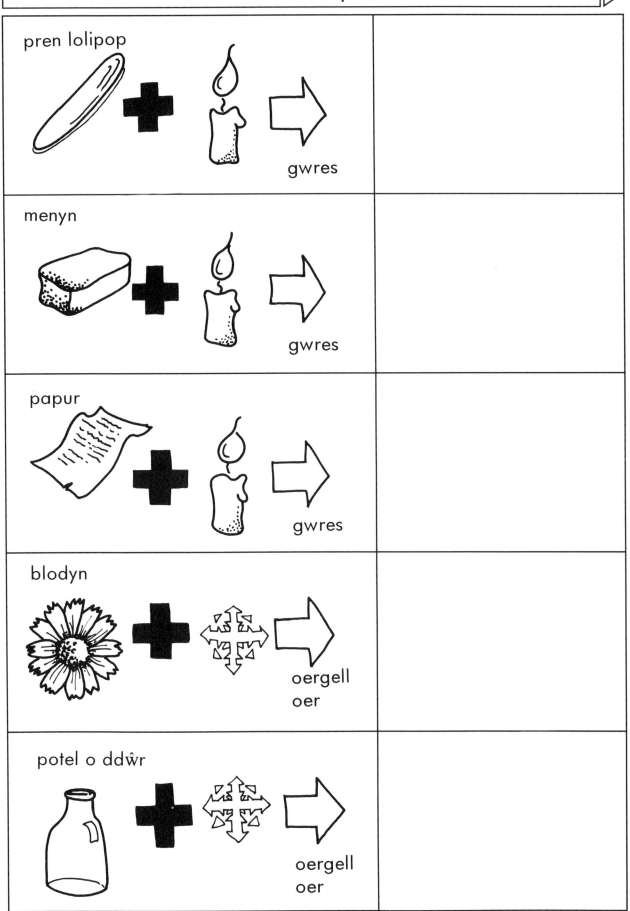

pren lolipop + candle → gwres	
menyn + candle → gwres	
papur + candle → gwres	
blodyn + oergell oer	
potel o ddŵr + oergell oer	

Enw

Trydan statig

Rhwbiais balŵn yn erbyn fy mhen. Llwyddodd y trydan statig ar y balŵn bigo'r pethau yma i fyny.

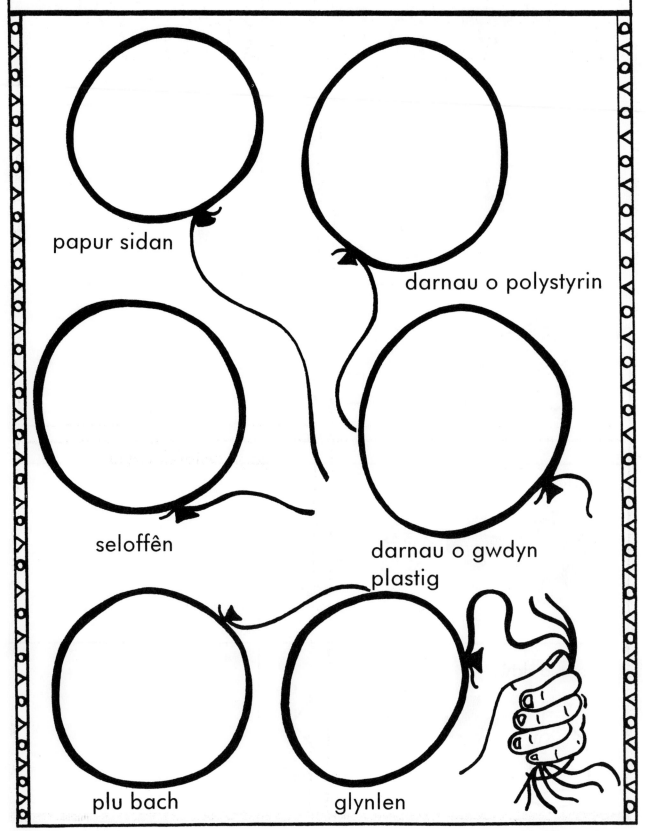

papur sidan

darnau o polystyrin

seloffên

darnau o gwdyn plastig

plu bach

glynlen

Offer trydanol yn y cartref

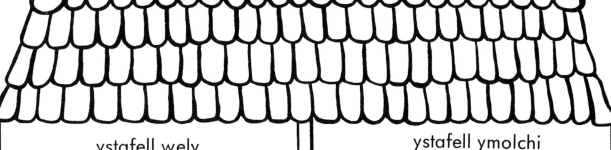

ystafell wely	ystafell ymolchi
lolfa	cegin/ystafell fwyta

Peryglon trydan

Perygl

Trwsio flecs sydd wedi gwisgo.

Peidiwch a gwthio unrhyw beth i mewn i'r socedau.

Trowch e bant os nad yw'n cael ei ddefnyddio.

Peidiwch â chyffwrdd gyda dwylo gwlyb.

Peidiwch a defnyddio offer trydanol yn yr ystafell ymolchi.

Peidiwch â gorlwytho'r socedau.

Edrychwych allan am

Cysylltwch y rhybudd â'r llun priodol.

Cylchedau

Sut wnaethoch chi wthio rhain?

Tynnwch linell las o gwmpas y pethau y gwthioch â'ch braich a'ch llaw.

Tynnwch linell goch o gwmpas y pethau y gwthioch â'ch coes a'ch troed.

Tynnwch linell werdd o gwmpas y pethau y gwthioch â'ch corff i gyd.

Ras fawr y gwynt

Enw ——————————

Hwyliau

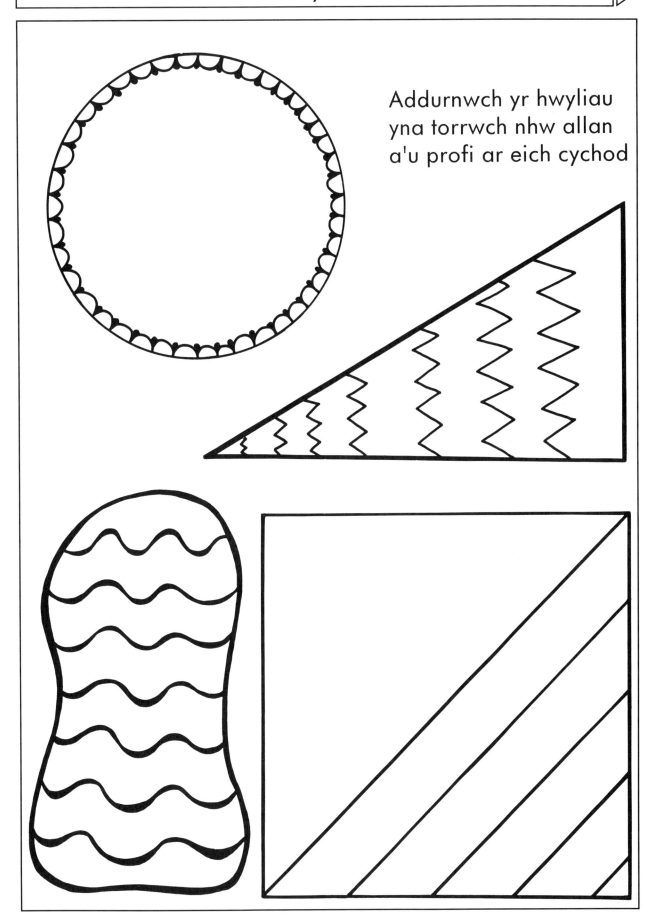

Addurnwch yr hwyliau yna torrwch nhw allan a'u profi ar eich cychod

Canlyniadau'r profion hwyliau

Gludwch yr hwyl orau yma

Rwy'n credu taw hon oedd yr hwyl orau achos

Mae dŵr yn gwthio pethau

Pa rai allech chi wthio gyda ffrwd fain o ddŵr?

Ticiwch os lwyddodd y dŵr i'w wthio.

Rhowch groes os na.

bwced plastig

pluen

pêl ping-pong

pêl-droed

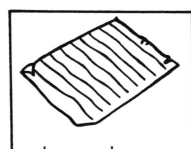

darn o bapur

darn o bren

car tegan

bin sbwriel

coeten

Enw _____

Gwthio a thynnu

Rwy'n gwneud y pethau hyn pryd rydw i'n:

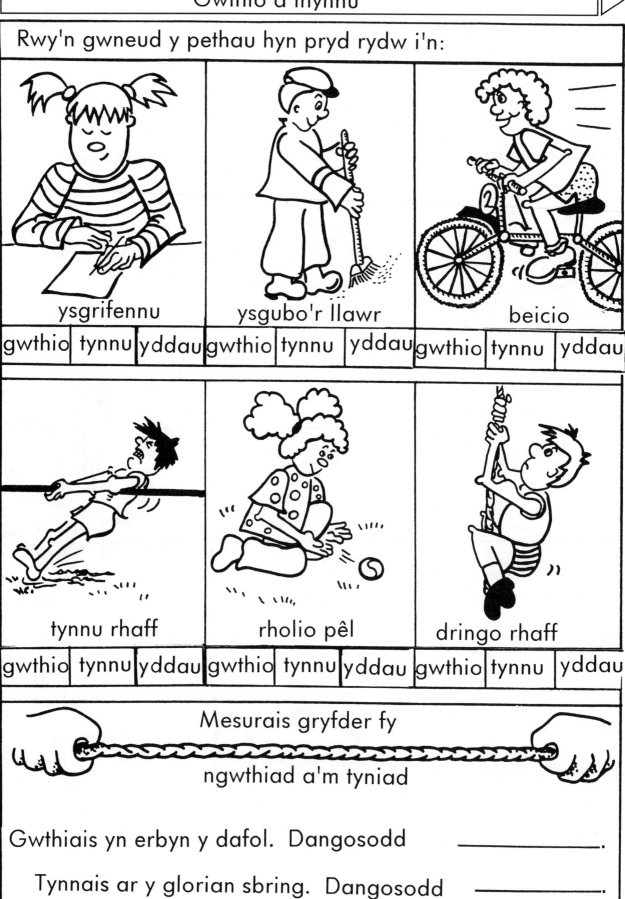

ysgrifennu

gwthio	tynnu	yddau

ysgubo'r llawr

gwthio	tynnu	yddau

beicio

gwthio	tynnu	yddau

tynnu rhaff

gwthio	tynnu	yddau

rholio pêl

gwthio	tynnu	yddau

dringo rhaff

gwthio	tynnu	yddau

Mesurais gryfder fy ngwthiad a'm tyniad

Gwthiais yn erbyn y dafol. Dangosodd _____.

Tynnais ar y glorian sbring. Dangosodd _____.

Dyfalwch

Dyfalais pa rai oedd yn cael eu hatynnu gan fagnet ac yna eu profi i weld os oeddwn yn iawn.

	defnydd	dyfaliad	yn cael ei atynnu	ddim yn cael ei atynnu
1.				
2.				
3.				
4.				
5.				

Pegynau magnetig

Aer o'n cwmpas

Sawl peth allwch chi weld sy'n cael eu symud gan yr aer?

	peth

Darluniwch dri pheth fyddwch yn chwarae
gyda nhw sydd wedi eu llenwi ag aer.

Arnofio a suddo

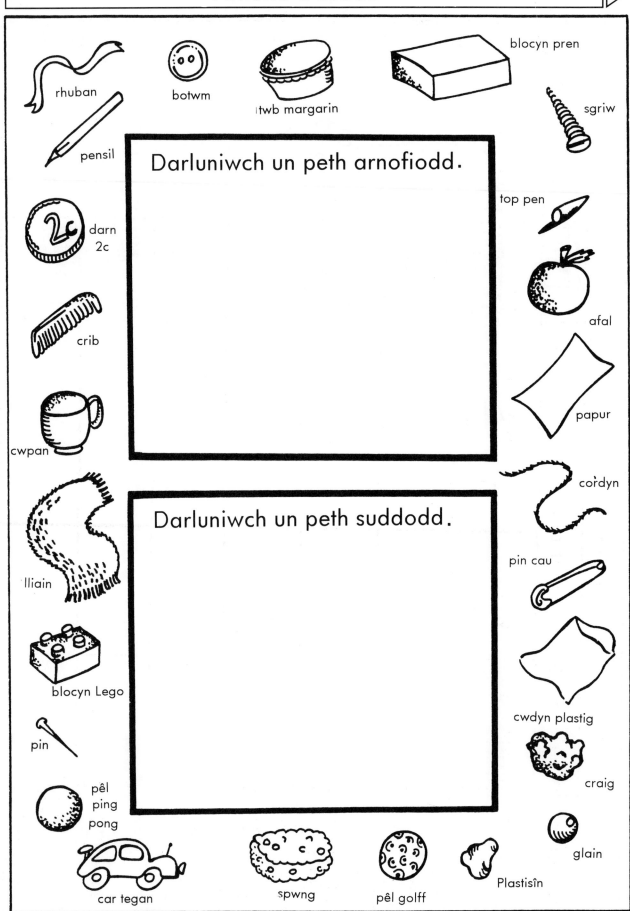

rhuban

botwm

twb margarin

blocyn pren

sgriw

pensil

Darluniwch un peth arnofiodd.

top pen

darn 2c

afal

crib

papur

cwpan

cordyn

lliain

Darluniwch un peth suddodd.

pin cau

blocyn Lego

cwdyn plastig

pin

craig

pêl ping pong

glain

car tegan

spwng

pêl golff

Plastisîn

Sut mae pethau'n symud wrth gael eu gwthio

gwrthrych	arwyneb fflat		llethr am lawr		llethr i fyny
	gwthiad fach	gwthiad cryf	pan stopiodd y gwthio		pellter deithiwyd
			parhaodd i symud	stopiodd	
car tegan					
pram dol					
bwrdd sglefrio					
hambwrdd					
bocs					
blocyn o bren					

Sut mae pethau'n symud wrth gael eu gwthio

Enw _____

Ceisio gwneud i'r gwrthrychau wyro

Defnyddiwch un o'r rhain

peipen gardd
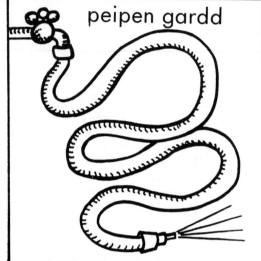

sychwr gwallt
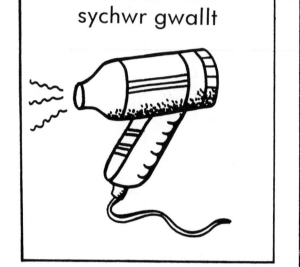

car tegan

gwyrodd	heb wyro

marblen

gwyrodd	heb wyro

tiwb Smarties llawn
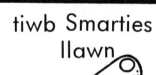

gwyrodd	heb wyro

pêl ping-pong

gwyrodd	heb wyro

bwrdd sglefrio

gwyrodd	heb wyro

tiwb Smarties gwag

gwyrodd	heb wyro

Pŵer yr aer

Mae angen rhain arnoch

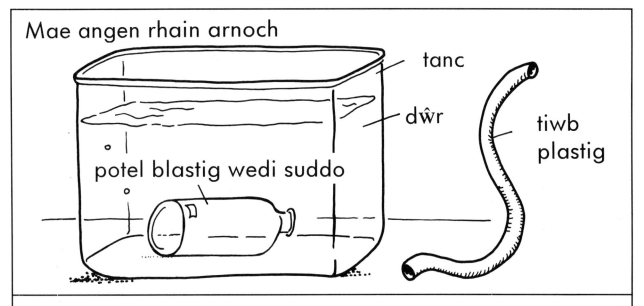

tanc

dŵr

tiwb plastig

potel blastig wedi suddo

Allwch chi wneud i'r botel arnofio i wyneb y dŵr gan ddefnyddio aer fel grym?

Darluniwch neu ysgrifennwch beth wnaethoch chi

Aer

Rwy'n gallu gweld aer!

1.	
2.	
3.	
4.	
5.	

Yr anhygoel ...

Dyma sut mae'n edrych

Dyma sut wnes i e

Enw _____

Fe wnes i ...

Fe wnes i ...

Mae'n edrych fel hyn

Defnyddiais y pethau yma i'w wneud

Dyma sut wnes i e

Dyma beth ddigwyddodd pryd ddefnyddiais i e

Dyma sut roedd e'n gweithio

Goleuadau ▷

Amgylchynwch y mannau i ddangos o ble mae'r goleuni'n dod

Dydd

Nos

Cymysgu lliwiau

brown	gwyrdd	porffor	glaswyrdd	oren

Mae coch a glas yn gwneud

Mae coch a melyn yn gwneud

Mae glas a melyn yn gwneud

Mae glas ac oren yn gwneud

Mae gwyrdd a glas yn gwneud

Lliwiau mewn natur

Newidiadau mewn pethau byw

Cysylltwch y lluniau â'r tymor a gorffennwch y gair

Gwanwyn	Haf	Hydref	Gaeaf

G – – – – – – – –

G – – – – – –

H – –

H – – – – – –

Defnyddio drychau

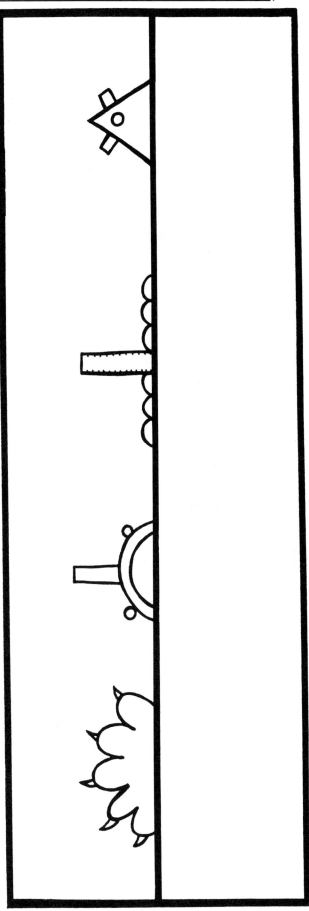

Cysgodion 1

Cysgodion 2

Disgleiriwch dors ar gwpan i'r cyfeiriadau yma

Darluniwch y 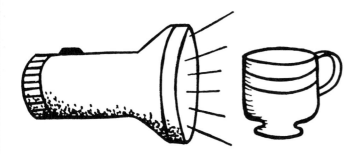 ble welwch chi e.

 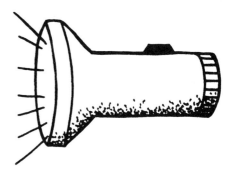

Gwneud deial haul

Gwnaethom ddeial haul

Defnyddiom
Dyma beth wnaethom ni
Dyma sut mae dweud yr amser

Arlliwiau a chysgodion

Rhowch yr haul yn yr awyr a darluniwch y cysgodion a fydd yn ffurfio. Lliwiwch ac arlliwiwch y llun.

Nawr rwy'n ei weld, nawr dw i ddim

dŵr glân

dŵr sebon

gwydr gwin

sbectol

chwyddwydr

llenni

jwg

deilen

ager

papur losin seloffên

olew coginio

olew peiriant
wedi'i ddefnyddio

fferfest

mwgwd
helm haul

sbectol haul

can tin

gallwn weld trwyddo (tryloyw)

bron a bod yn gallu (tryleu) gweld trwyddo

Ni allwn weld trwyddo (didraidd)

jwg wydr

cwpan plastig

llyfr

llaeth

lliain sychu llestri

cwpan a soser tsieni

cwdyn plastig

pren

potel wydr

Yr Haul, Y Lleuad a'r Ddaear

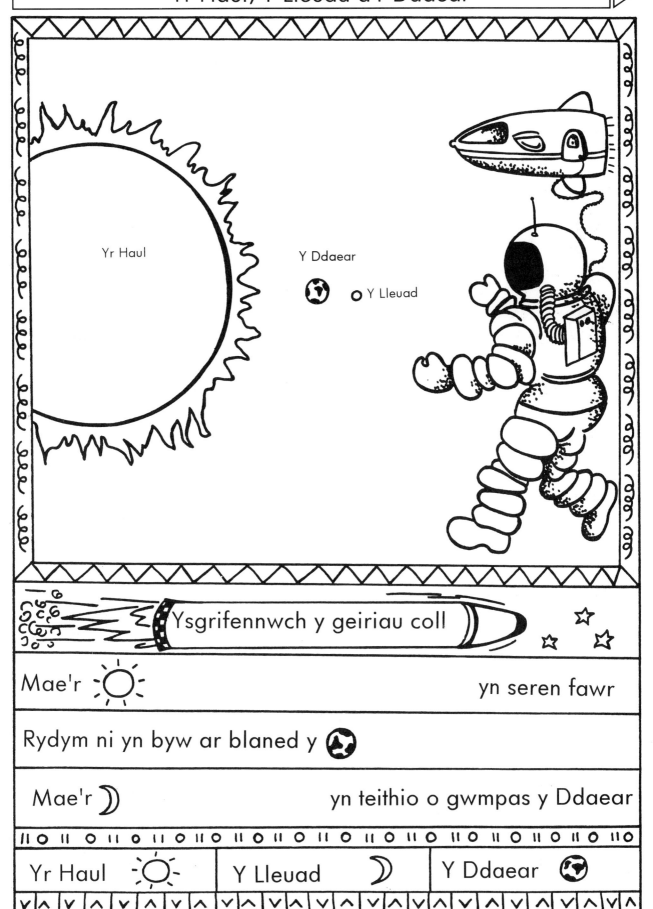

Yr Haul

Y Ddaear

Y Lleuad

Ysgrifennwch y geiriau coll

Mae'r ☀ _____ yn seren fawr

Rydym ni yn byw ar blaned y 🌐

Mae'r 🌙 _____ yn teithio o gwmpas y Ddaear

Yr Haul ☀	Y Lleuad 🌙	Y Ddaear 🌐

Pam mae'r nos yn bod

Roeddem eisiau dangos pam mae'r nos yn bod

Defnyddiom y pethau hyn: _____

_____

Dyma beth wnaethom ni: _____

_____

_____

_____

_____

_____

Dyma beth welsom ni: _____

_____

Ar ôl ysgol ▷

Haf

Yn yr haf mae'r awyr yn _____ ar ein ffordd adref o'r ysgol

Gaeaf

Yn y gaeaf mae'r awyr yn _____ ar ein ffordd adref o'r ysgol

Enw _____

Yr hwyaden fach yn mynd am dro

Allwch chi wneud synau'r pethau a welais?

Aeth yr hwyaden fach am dro yn yr heulwen.

Gwelodd wenynen fach ar y blodyn.

Gwelodd gath lwyd yn ymolchi.

Gwelodd goeden  yn chwythu yn y gwynt.

Gwelodd injan dân 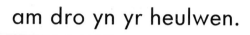 ar y ffordd.

Gwelodd gi yn yr ardd.

Gwelodd ddiferynion glaw yn disgyn ar ei drwyn.

Cerddodd yn gyflym at y buarth a gwelodd ei fam yn chwilio amdano. Brysiodd adref.

"Cwac cwac", dywedodd.

Sut y gwnes i sŵn ar yr offeryn hwn

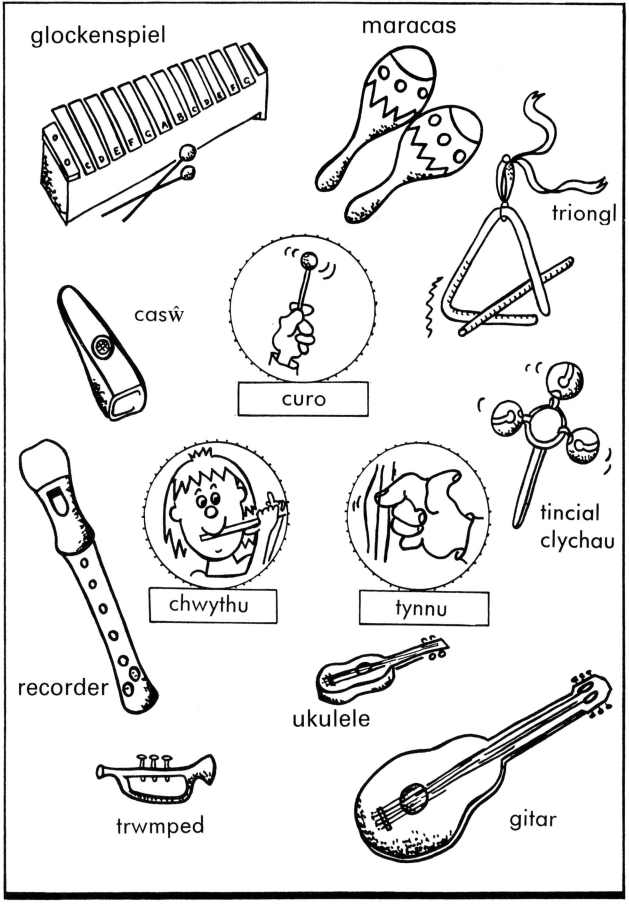

glockenspiel

maracas

triongl

casŵ

curo

chwythu

tynnu

tincial clychau

recorder

ukulele

trwmped

gitar

Synau

Pa un oedd y cryfaf?   Rhifwch e'n 1

Pa un oedd y tawelaf?   Rhifwch e'n 5

Rhowch nhw yn eu trefn 1 i 5

	Rhowch rhif yma
lori yn rhuthro	
y gwynt	
pluen yn disgyn	
ci yn cyfarth	
aderyn yn canu	

Gwneud synau

Sut allwch chi wneud synau gyda'r offerynnau hyn?

tambwrîn	gitar

recorder	drwm

clafia	glockenspiel

ysgwyd	taro	tynnu	chwythu	curo

Arolwg adleisiau

Lle	Arwyneb	Adlais		
		da	gweddol	gwael

Clywed synau

Pa mor dda allwch chi glywed y pethau hyn?

⬇	yn agos at	yn bell i ffwrdd	mewn ystafell arall	gyda synau eraill
chwythu recorder				
gweiddi				
radio				
siarad				
curo drwm				
llwy a gwydr				

➡	Gallu clywed	✓	Methu clywed	✗

Canfod synau

♫ ♩ ♫♩ ♩ ♩♩ ♫ ♩	gyda chlustffonau	hebddynt
chwiban	_____ metr	_____ metr
sibrwd	_____ metr	_____ metr
triongl	_____ metr	_____ metr
symbalau	_____ metr	_____ metr
gweiddi	_____ metr	_____ metr

yn y blaen	tu ôl	ar y chwith	ar y dde

Synau a defnyddiau

cwdyn plastig

Math o focs

_____

Defnydd a ddefnyddiwyd

_____

Plastisîn	papur newydd	siwmper wlân dew	ffoil
gwlân cotwm	cwdyn plastig	naddion pren	tywod

Beth wnes i

Beth ddarganfyddais

TAFLENNI GOFNODI
1-6

TAFLEN GOFNODI 1

Cyfnod Allweddol Un
Gwyddoniaeth arbrofol ac ymchwiliol
Lefelau un a dau

Enw

Blwyddyn/Dosbarth

Cofnod o'r nifer o brofiadau o'r Gwyddoniaeth arbrofol ac ymchwiliol

								👁
								🧑
								📏
								✏
								👄
								📊
								⚪
								⚠
								?
								🔍
								💡
								H
								〰

TAFLEN GOFNODI 2

Cyfnod Allweddol Un
Gwyddoniaeth Arbrofol ac ymchwiliol
Disgrifiad lefel tri

Enw

Blwyddyn/Dosbarth

Cofnod o'r nifer o brofiadau o'r Gwyddoniaeth arbrofol ac ymchwiliol

TAFLEN GOFNODI 3

CYFNOD ALLWEDDOL UN

Enw

Lefel

Blwyddyn/Dosbarth

Prosesau bywyd a phethau byw	
Defnyddiau a'u priodweddau	
Prosesau ffisegol	
Sylwadau	

TAFLEN GOFNODI 4

Cyfnod Allweddol Un

Enw

Lefel

Blwyddyn/Dosbarth

Prosesau bywyd a phethau byw

Sylwadau

TAFLEN GOFNODI 5

Cyfnod Allweddol Un

Enw

Lefel

Blwyddyn/Dosbarth

Defnyddiau a'u priodweddau

Sylwadau

TAFLEN GOFNODI 6

Cyfnod Allweddol Un

Enw

Lefel

Blwyddyn/Dosbarth

Prosesau ffisegol

Sylwadau